Fluffige Apfelpancakes

Diese super lockeren kleinen Küchlein mit Apfel sind genau das Richtige, um auch die Süßmäuler unter euren Freunden oder der Familie von einer pflanzlichen Ernährung zu überzeugen.

Die Zutaten genügen für 2 Personen

ZUTATEN

- 60g Vollkornmehl
- 60g Weißmehl (Dinkel 630 z. B.)
- 1 EL Vanillezucker
- 1 TL Backpulver
- 1/2 TL Natron
- 1 EL Apfelessig
- 30g Ahorn -oder Dattelsirup
- 100 ml Pflanzendrink
- 60 ml Mineralwasser mit Kohlensäure
- 1 Apfel
- Rapsöl für die Pfanne
- Toppings nach Wahl: Nüsse, Obst oder Schokaufstrich

UTENSILIEN

- Schneebesen o. Löffel
- 2 Schüsseln
- Messbecher
- Waage
- Pfanne
- Pfannenwender

ZUBEREITUNG

❶ Alle trockenen Zutaten in einer Schüssel mischen. In einer weiteren Schüssel alle flüssigen Zutaten bis auf das Wasser mischen.

❷ Die flüssigen und trockenen Zutaten verrühren (ACHTUNG!! Nur so lange bis sich alles verbunden hat). Zum Schluss vorsichtig das Mineralwasser unterheben. Nun alles für fünf Minuten stehen lassen und in der Zwischenzeit den Apfel in dünne Scheiben schneiden.

❸ Etwas Öl in einer Pfanne erhitzen. 2 EL Teig in die Pfanne geben und zwei Scheiben Apfel auf die noch feuchte Oberfläche drücken. Die Pancakes 1-2 Minuten ausbacken, so das sich kleine Blasen bilden und dann wenden.

Servieren, kannst du die fertigen Pancakes mit Toppings deiner Wahl.

DIY-Hausmittel

Die meisten Putzmittel und Reiniger sind nicht gerade umwelt- oder hautfreundlich. Sie stecken voller aggressiver Chemie, wie Erdölbasierende Tenside, welche biologisch nicht abbaubar sind. Ob für Fenster, Böden, Arbeitsflächen oder die Toilette, für fast alles gibt es ein Reinigungsmittel. Dabei braucht es nicht mehr als fünf Hausmittel, um dein Zuhause sauber zu halten. Selbsthergestellte Reiniger haben den Vorteil, dass du weißt was drin ist und die Umwelt geschont wird.
Die wichtigsten Hausmittel sind hier einmal aufgeführt. Sie sind wahre Wundermittel und kosten nicht viel. Zu finden sind sie in vielen Supermarktregalen und jeder Drogerie.

Essig ▶ wirkt antibakteriell und kalklösend	**Waschsoda** ▶ verstärkt die Reinigungskraft, z. B. bei Flecken
Kernseife ▶ wirkt reinigend	**Zitronensäure** ▶ wirkt reinigend und entkalkend
Natron ▶ wirkt desinfizierend, kalk- und fettlösend	

SPÜLMASCHINENREINIGER

- ▶ 200g Waschsoda
- ▶ 200g Zitronensäure
- ▶ 100g Spülmaschinensalz

Die drei Zutaten werden gründlich vermengt und in ein luftdichtes Schraubglas gefüllt. Pro Waschgang kannst du dann 2-3 Teelöffel in das entsprechende Fach deiner Spülmaschine geben.

SPÜLMITTEL

- ▶ 20g Kernseife geraspelt (z. B. Olivenölseife)
- ▶ 2EL Natron
- ▶ 400ml heißes Wasser
- ▶ 1 alte Spülmittelflasche

Für das Spülmittel wird die geraspelte Seife in dem 400ml kochenden Wasser aufgelöst. Danach das Natron dazugeben und die Flüssigkeit in eine Flasche umfüllen. Das Spülmittel ist etwa 1-2 Wochen haltbar.

WC-REINIGER

- ▶ 500ml Wasser
- ▶ 2El Zitronensäure
- ▶ 2EL Speisestärke
- ▶ 100ml Wasser (abgekocht und erkaltet)
- ▶ 1 alte Reinigerflasche
- ▶ Optional ein paar Tropfen ätherisches Öl

Zuerst die 100ml Wasser aufkochen und zum Abkühlen zur Seite stellen. Die Speisestärke in einem mit 500ml Wasser gefüllten Topf einrühren und unter ständigem Rühren zum Kochen bringen. Die Masse sollte milchig und recht zäh werden. In das abgekochte, kalte Wasser die Zitronensäure auflösen und zu dem Speisestärkegemisch geben. Alles vermengen und in eine alte Flasche füllen. Für einen angenehmen Duft kannst du ein paar Tropfen ätherische Öle deiner Wahl hinzufügen.

Louisa Dellert

Louisa, kurz Lou, ist in Wolfenbüttel geboren und in Hornburg (Niedersachsen) aufgewachsen. Mittlerweile lebt sie in ihrer Wahlheimat Berlin.
2013 fing sie an, intensiv Sport zu betreiben und sich gesünder zu ernähren. Zur Motivation und Dokumentation legte sie sich ihr Instagramprofil @louisadellert zu und wurde schnell zu einer großen Fitnessinfluencerin.

„Auf meinem Account drehte sich zu dieser Zeit alles rund um die Themen Fitness und Ernährung. Ich habe regelmäßig Workouts hochgeladen und gezeigt, wie viel ich bereits abgenommen habe."

Dafür bekam sie sehr viel Zuspruch und es folgten ihr immer mehr Menschen auf ihrem Weg. Der viele Sport wirkte sich jedoch negativ auf ihre Gesundheit aus und so wurde bei einer Untersuchung ein Loch in einer ihrer Herzklappen diagnostiziert.

„Ich wurde am Herz operiert und diese OP änderte einfach alles. Da legte sich ein Schalter um und ich habe angefangen, mich selbst zu lieben wie ich bin. Es geht nicht nur um Aussehen im Leben."

Seitdem schreibt Lou mehr über das Thema Selbstliebe. Nach einem Urlaub auf Malta kam dann auch die Nachhaltigkeit und das Thema Umweltschutz dazu.

„Ich bin auf das Problem der Meeresverschmutzung durch Plastikmüll aufmerksam geworden und war entsetzt von den Mengen an Plastik, die im Meer trieben. Mein Interesse für das Thema Umweltschutz wurde geweckt und ich nahm mir vor, mein Leben nachhaltiger zu gestalten. Relativ schnell musste ich allerdings feststellen, dass gerade die Vermeidung von Plastikmüll im Alltag nicht einfach ist."

Auf ihrem Blog „louisadellert.com" schreibt sie über ihre Fortschritte und nimmt auch politische Themen mit auf.

„Wer sich mit Nachhaltigkeit beschäftigt kommt irgendwann nicht mehr um das Thema Politik herum."

So kam es, dass sie irgendwann das erste Mal im Büro des Politikers Christian Linder saß und ihm Fragen stellen durfte.

„Fragen zu stellen und Antworten zu bekommen ist sehr wichtig, um sich selbst zu reflektieren. Man sieht andere Standpunkte und Blickweisen und das hilft, sich selbst weiterzuentwickeln."

Seitdem ist Louisa öfters im Bundestag unterwegs und stellt unseren Politiker Fragen, die vielen auf der Seele brennen. „Ich versuche so, Sachverhalte und Themen zu verstehen und gebe das Wissen auf Instagram weiter. Ich sage auch offen raus, wenn ich etwas nicht weiß." Ihr Ziel ist es Politik – besonders für junge Menschen – nahbar zu machen.

2018 eröffnete sie ihren eigenen Onlineshop über den sie nachhaltige Produkte zur Müllvermeidung vertreibt. Inzwischen betreibt sie zusammen mit ihren zwei besten Freunden in Braunschweig auch ein gleichnamiges Ladengeschäft.

„Ein waschbares Ohrenstäbchen ist mein Gamechanger, das finde ich sehr, sehr cool und mein Tipp ist es, nie von null auf hundert zu starten, denn das setzt unter Druck. Sich auch mal eingestehen, dass Dinge nicht gleich funktionieren, ist wichtig. Niemand ist perfekt.

Wer sagt überhaupt was perfekt ist und wer definiert das?"

Nachhaltige Mobilität und klimafreundliches Reisen

Zu Fuß oder mit dem Fahrrad unterwegs zu sein, ist die wohl nachhaltigste Art sich fortzubewegen, allerdings nicht immer und nicht für alle von uns möglich. Der tägliche Verkehr auf den Straßen, den Schienen, auf dem Wasser und in der Luft belastet die Umwelt und unsere Gesundheit. Treibhausgase, CO2, Stickstoffoxide und Feinstaub gelangen in die Atmosphäre, reichern sich dort an und verursachen massive Umweltschäden. Unsere Atemluft wird verunreinigt und der menschengemachte Klimawandel befeuert.

Gleichzeitig ist diese Mobilität aber auch wichtig für unsere gesellschaftliche und wirtschaftliche Entwicklung. Eine Lösung muss also her, die die wirtschaftlichen vor allem aber die klimarelevanten Aspekte beachtet und umweltverträglich ist.

Nachhaltige Mobilität muss so gestaltet werden, dass nur so viele Emissionen ausgestoßen werden, dass die Umwelt stets noch in der Lage ist, sich selbst zu regenerieren. Des Weiteren dürfen die Kapazitäten der Infrastruktur wie z. B. Parkplätze und der Platz auf den Straßen nicht überlastet werden. Die Wahl der Verkehrsmittel spielt deshalb eine wichtige Rolle.

NACHHALTIGE VERKEHRSMITTEL

Ein nachhaltiges Verkehrsmittel zeichnet sich dadurch aus, dass es weniger Schadstoffe ausstößt als herkömmliche Fahrzeuge. Man unterscheidet Fahrzeuge, die selbst weniger oder gar keine Emissionen verursachen (das Fahrrad beispielsweise) und solche, wie z. B. Züge und Busse, die viele Fahrten mit individuellen Fahrzeugen ersetzen.

Wer in einer größeren Stadt wohnt, ist meist gut an öffentliche Verkehrsmittel angebunden und sollte diese nach Möglichkeit nutzen. Auf dem Land ist es da schon etwas schwieriger, wenn der Bus im Dorf nur jede Stunde in die andere Himmelsrichtung fährt.

Fahrgemeinschaften oder Carsharing könnten hier eine Lösung sein.

Lebensmittel und Konsumgüter z. B. müssen auch transportiert werden. Hier spart man Emissionen ein, indem man regionale Lebensmittel einkauft und sich bei Onlinebestellung zurückhält und wenn, dann darauf achtet, dass alles wenn möglich in einem Paket geliefert wird.

NACHHALTIG REISEN

Ist nachhaltiges Reisen überhaupt möglich? Ist es nicht sogar ein Widerspruch? Alle Länder dieser Welt zu Fuß oder mit dem Rad zu erkunden ist nämlich kaum möglich.

Die Auswirkungen des Tourismus auf die Umwelt und das Klima sind jedenfalls verheerend. Und doch verzeichnet die Tourismusbranche von Jahr zu Jahr starken Zuwachs und gilt als der am stärksten wachsende Industriezweig.

Wir verreisen immer häufiger, kürzer und wählen Reiseziele auf der ganzen Welt. So sind im Jahr 2019 weltweit über 1,5 Milliarden internationale Reisen gezählt worden. Die dabei entstandenen Emissionen und Schäden in der Umwelt sind enorm.

Daher ist eine nachhaltige Entwicklung im Tourismus unumgänglich, um das Wirtschaftswachstum und die Umwelt im Einklang zu halten.

Nachhaltiger Tourismus verfolgt langfristige Ziele und ein kontrolliertes Wachstum innerhalb der Branche. Wichtig sind auch soziale Gerechtigkeit, die Beachtung ethischer Grundsätze, umweltverträgliche Aspekte und der Respekt vor Kulturen.

Auch beim Reisen können wir wieder bei uns selbst anfangen und uns einmal damit auseinandersetzen, wie wir zukünftig reisen möchten. Wenn du deine nächste Reise nun auch gerne ökologisch und nachhaltig gestalten möchtest, dann werden die nachfolgenden Seiten dabei helfen.

MOBILITÄT/REISEN